Inhalt

Blended Learning - der Mix aus Präsenztraining und Lernen am PC wird zum Standard

Kernthesen

Beitrag

Fallbeispiele

Weiterführende Literatur

Impressum

GENIOS WirtschaftsWissen Nr. 03 vom 14.03.2012

Blended Learning - der Mix aus Präsenztraining und Lernen am PC wird zum Standard

Robert Reuter

Kernthesen

- E-Learning-Angebote hatten noch vor wenigen Jahren mit hohen Abbrecherzahlen zu kämpfen.
- In der betrieblichen Weiterbildung hat sich das Lernen am PC zwischenzeitlich durchgesetzt - und wird oft mit Präsenzzeiten im Unterrichtsraum kombiniert.
- Die nächsten Trends in der Weiterbildung klopfen bereits an die Klassentüren. Webinare und Mobile Learning per

Smartphone erweitern die Möglichkeiten elektronischer Wissensvermittlung schon heute.

Beitrag

E-Learning und Präsenzunterricht gehen zusammen

In der betrieblichen Weiterbildung spielt der reine Präsenzunterricht im Klassenraum eine immer kleinere Rolle. Aus einer aktuellen Studie geht hervor, dass 50 Prozent aller Unternehmen einen Mix aus Lehrveranstaltung und Lernen am PC - dem sogenannten Blended Learning - anbieten. 71 Prozent der befragten Unternehmen gehen davon aus, dass Blended Learning, das oft noch um die Komponente eines professionellen Coachings ergänzt wird, in spätestens drei Jahren die führende Form der Wissensvermittlung darstellen wird. Neben diesem Lern-Mix tut sich jedoch schon der nächste Trend in der betrieblichen Weiterbildung auf, das Mobile Learning. Die Vermittlung von Lerninhalten per Smartphone oder Tablet-PC steckt noch in den Anfängen, wird aber nach und nach an Bedeutung zunehmen. Insgesamt kann webbasierten

Lernangeboten heute attestiert werden, dass sie den Durchbruch auch in der betrieblichen Weiterbildung geschafft haben. Dies war noch vor wenigen Jahren ganz anders: Bis zu 80 Prozent der E-Learner brachen den Unterricht ab, weil sie nicht zurechtkamen. (1)

Noch Zurückhaltung gegenüber Webinaren

Schon heute werden mit E-Learning jährlich rund 350 Millionen Euro umgesetzt. Die größten Umsatz- und damit Verbreitungssprünge erzielen derzeit die sogenannten Webinare. Die Bezeichnung ist eine Zusammensetzung aus den Worten Web und Seminar. Hierbei sitzen Menschen an unterschiedlichen Orten vor dem PC und hören einem Dozenten zu, dessen Bild mit einer Webkamera ebenfalls auf dem Display zu sehen ist. Anschließende Diskussionen verlaufen wie Telefonchats: Jeder sieht und hört die anderen Konferenzteilnehmer. Gegenüber dem reinen E-Learning, bei dem der Lernende meist passiv aufnimmt, ist in Webinaren der interaktive Gesprächsaustausch möglich. In den Unternehmen herrschen gegenüber dieser Lernform allerdings noch einige Berührungsängste vor, was sich an statistischen Umfrageergebnissen zeigt. Nur 42 Prozent der Unternehmen trauen dem Webinar eine tragende Rolle bei zukünftigen

Weiterbildungsmaßnahmen zu. Der Grund für die Zurückhaltung ist meist, dass die Firmen noch keine Erfahrungen mit der neuen Unterrichtsform gemacht haben. (2)

Präsenztrainings bleiben wichtig

Völlig auf dem Rückzug ist der Präsenzunterricht trotz der neuen Angebote aber nicht. Immerhin 44 Prozent der Unternehmen halten ihn für so bedeutend, dass sie weiter an ihm festhalten wollen. Auch E-Learning-Experten geben zu, dass die elektronischen Varianten der Weiterbildung nicht für alle Anlässe der Wissensvermittlung geeignet sind. So könne auch ein Webinar die Körpersprache, Gestik und Mimik der Beteiligten nur unzureichend übermitteln. Soll ein ganz neues Thema bekannt gemacht werden, empfehlen Experten daher nach wie vor die Einrichtung eines Präsenzunterrichts. Gänzlich unschlagbar sind Präsenztrainings, wenn es nicht um sachliche Lerninhalte, sondern beispielsweise um den Umgang miteinander geht. (2)

Blended Learning auch an den Hochschulen

E-Learning ergänzt immer mehr auch den

Präsenzunterricht an den Hochschulen. So hat die Universität Regensburg die Internetplattform G.R.I.P.S. (Gemeinsame Regensburger Internetplattform für Studierende) ins Leben gerufen. Hier werden nicht nur Lernmaterialien wie etwa Vorlesungsskripte bereitgestellt. Auch interaktive Lernmöglichkeiten in Chaträumen und Foren stehen den Studierenden zur Verfügung.

Die renommierte Fachhochschule Oberösterreich setzt bereits seit 2003 auf Blended Learning. Anders als früher werden die Lernplattformen jedoch nicht mehr von der FH selbst erstellt. Stattdessen stehen Standardlösungen zur Verfügung, auf die auch andere Hochschulen zurückgreifen. Per E-Learning werden zuvörderst solche Inhalte vermittelt, die sich die Studenten selbst erarbeiten können, während in den Präsenzveranstaltungen nur das behandelt wird, was im Selbststudium nicht abgedeckt werden kann. In der "Nachbereitung" soll dann ein selbst entwickeltes Tool beim Lernen helfen: Stellt das System während der Arbeitszeit keine PC-Aktivität fest, so wird ein Lernvorschlag abgesendet. Insgesamt ist der Anteil der Präsenzzeiten jedoch auch an der fortschrittlichen FH Oberösterreich nach wie vor hoch. Hiermit geht die Hochschule auf die Bedürfnisse der Studierenden ein. Diese wählen häufig Studienangebote mit einem besonders hohen Anteil an Präsenzstunden. (3)

Mobiles Lernen bei der Lufthansa

Die Manager der Lufthansa können sich schon heute mit ihrem Blackberry weiterbilden. Das mobile Lernformat "Lufthansa Quiz Lounge" ist der Quizsendung "Wer wird Millionär" nachempfunden und vermittelt Wissen im Zuge eines Frage-Antwortspiels. Themengebiete sind Datenschutz und -sicherheit, später sollen Klima- und Umweltfragen sowie das Thema Compliance dazukommen. Auch andere Großunternehmen wie Roche, ZF Friedrichshafen und Bayer greifen bereits auf Mobile Learning zurück, um unternehmensrelevante Inhalte zu vermitteln. Der M-Learning-Anbieter TTS gibt an, dass das Lernen per Smartphone am gesamten E-Learning-Markt 2011 einen Anteil von rund fünf Prozent erreicht hat. Insbesondere die stark wachsende Verbreitung von Tablet-PCs werde dazu führen, dass sich der Anteil schnell erhöhen wird. Für 2012 rechnet TTS mit einem M-Learning-Anteil von schon 15 bis 20 Prozent. [(4)](#)

Trends

Spiele für lernunwillige Manager

Nach Expertenaussagen lehnen es viele Manager einfach ab, noch einmal die Schulbank zu drücken. Ein Grund dafür könnte sein, dass Führungskräfte befürchten, so Wissensdefizite preiszugeben. Human-Resource-Verantwortliche haben es darum oft schwer, die Führungskräfte ihres Unternehmens zum Besuch eines Weiterbildungsseminars zu bewegen. Herausgestellt hat sich jedoch, dass Manager gern von anderen Machern lernen, mit denen sie auf Augenhöhe sprechen können. Ein anderes Mittel, mit dem sich lernunwillige Manager einfangen lassen, sind Spiele. Die Helvetia-Versicherung hat darum ein Strategiespiel für Führungskräfte entwickelt, bei dem gleichzeitig Wissen vermittelt wird. "Entscheiden Sie!" simuliert den Geschäftsalltag in einem Konzern mit dem Ziel, Entscheidungsfreude zu trainieren und eigene Entscheidungen kraftvoll zu vertreten. Der E-Learning-Anbieter Skillsoft berichtet, dass sich auch PC-Lernprogramme in den Managerriegen immer besser durchsetzen, insbesondere, weil sie den termingeplagten Führungskräften zeitliche und örtliche Flexibilität beim Lernen ermöglichen. (5), (6)

Fallbeispiele

VHS goes online

Die deutschen Volkshochschulen stehen vor dem Problem schrumpfender Bevölkerungszahlen, insbesondere im Osten. Vielerorts werden darum VHS-Angebote zurückgefahren. Der Verein für Bildung im Internet (VBI) hat sich zum Ziel gesetzt, die entstehenden Lücken durch Online-Angebote aufzufüllen. Durch die gemeinsame Internet-Plattform www.vhs-webinare.de können auch ausgefallene Weiterbildungsangebote, wie etwa "Japanisch Stufe 7" von der Volkshochschule eines Dorfes, verfügbar gemacht werden. (7)

E-Learning-Preis Eurelea 2012

Der diesjährige European Award for Technology Supported Learning (Eurelea) ist an eine IT-Qualifizierung, ein interaktives Lernspiel, ein interaktives Handlungstraining und an eine mobile Lernlösung vergeben worden. Der Preis für die beste Mediendidaktik ging in diesem Jahr an das Projekt "Tactical Sailing" der Media Digital Page GbR, München. Mit dem interaktiven Taktik- und Strategiespiel können Segelanfänger und erfahrene Segler den kompletten Ablauf einer Regatta simulieren. (8)

US-Weiterbildungsmarkt legt um

13,1 Prozent zu

Die Weiterbildungsausgaben amerikanischer Unternehmen, Behörden und Non-Profit-Organisationen mit über 100 Beschäftigten sind im vergangenen Jahr um 13,1 Prozent auf 59,7 Milliarden US-Dollar gestiegen. Überraschend ist, dass trotz des Anstiegs der gesamten Weiterbildungsausgaben die durchschnittliche Weiterbildungssumme pro Mitarbeiter von 1 041 US-Dollar 2010 um 28 Prozent auf 749 US-Dollar im Jahr 2011 gesunken ist. (9)

Weiterführende Literatur

(1) LERNFORMATE - Präsenzunterricht immer weniger gefragt
aus wirtschaft&weiterbildung, Vol. 20, Heft 03/2012, S. 10

(2) Lernen muss Spaß machen!
aus Computerwoche, 30.01.2012, Nr. 05

(3) Die paradoxe Welt virtuellen Lernens
aus Die Presse vom 2012-02-11, Seite: 14

(4) Mobiles Lernen krempelt E-Learning-Markt um
aus Der Kontakter Nr. 03 vom 16.01.2012, S. 20 - 21

(5) Updates für Manager
aus Der Kontakter Nr. 02 vom 09.01.2012, S. 20 - 21

(6) Für Personalabteilungen sind sie oft schwer zu greifen ...
aus wissensmanagement, Heft 1/2012, S. 22-24

(7) Interview "Wir wollen den virtuellen Klassenraum bundesweit etablieren"
aus Der Kontakter Nr. 04 vom 23.01.2012, S. 21

(8) E-LEARNING-PREIS "EURELEA 2012" VERGEBEN - Den Ablauf einer Regatta simulieren
aus wirtschaft&weiterbildung, Vol. 20, Heft 03/2012, S. 56

(9) Weiterbildungsmarkt wuchs um 13,1 Prozent
aus wirtschaft&weiterbildung, Vol. 20, Heft 02/2012, S. 48-49

Impressum

Blended Learning - der Mix aus Präsenztraining und Lernen am PC wird zum Standard

Bibliografische Information der deutschen Nationalbibliothek

Die Deutsche Nationalbibliothek verzeichnet diese Publikation in der deutschen Nationalbibliografie; detaillierte bibliografische Daten sind im Internet über http://dnb.d-nb.de abrufbar.

ISBN: 978-3-7379-0973-0

© 2015 GBI-Genios Deutsche Wirtschaftsdatenbank GmbH, Freischützstraße 96, 81927 München, www.genios.de

Alle Rechte vorbehalten. Dieses Werk ist einschließlich aller seiner Teile – z.B. Texte, Tabellen und Grafiken - urheberrechtlich geschützt. Jede Verwertung außerhalb der Grenzen des Urheberrechtsgesetzes bedarf der vorherigen Zustimmung des Verlags. Dies gilt insbesondere auch für auszugsweise Nachdrucke, fotomechanische

Vervielfältigungen (Fotokopie/Mikroskopie), Übersetzungen, Auswertungen durch Datenbanken oder ähnliche Einrichtungen und die Einspeicherung und Verarbeitung in elektronischen Systemen.